CHATEAU DE MONTMORENCY

CATALOGUE

DU

SOMPTUEUX MOBILIER

DES

OBJETS D'ART — TABLEAUX

TAPISSERIES

Voitures — Plantes

DONT LA VENTE AURA LIEU

Par le ministère de **Me COURSAULT**, notaire à Montmorency.

AVEC LE CONCOURS DE

Me ESCRIBE	**Me HOSPIED**
COMMISSAIRE - PRISEUR	GREFFIER
à Paris, 6, rue de Hanovre.	à Montmorency.

Assistés de **M. A. BLOCHE**, Expert.

23, rue Chauchat, à Paris.

CATALOGUE

DU

SOMPTUEUX MOBILIER

DES XVIᵉ, XVIIᵉ ET XVIIIᵉ SIÈCLES

OBJETS D'ART ET DE CURIOSITÉ

Tableaux — Dessins — Aquarelles
Bronzes — Marbres — Porcelaines — Faïences

MAGNIFIQUES TAPISSERIES

Tentures, Rideaux, Tapis d'Orient, Étoffes anciennes

GARNISSANT

Les Hall, Salle de fêtes, Salons, Boudoir, Atelier, Cabinet de travail
Salle à manger, nombreuses Chambres à coucher
et Pavillons détachés

Voitures : Coupé, Vis-à-Vis, Duc, Grand Breack, Charrettes

Plantes, Ustensiles de jardinage — Meubles et Objets courants

DU

CHATEAU DE MONTMORENCY

Où la vente aux enchères publiques aura lieu

**Les Samedi 24, Dimanche 25, Lundi 26, Mardi 27, Mercredi 28
et Jeudi 29 Juillet 1886, à deux heures**

Par le Ministère de Mᵉ **COURSAULT**, notaire à Montmorency

AVEC LE CONCOURS DE

Mᵉ ESCRIBE	**Mᵉ HOSPIED**
COMMISSAIRE-PRISEUR	GREFFIER
6, rue de Hanovre, à Paris.	à Montmorency.

Assistés de **M. A. BLOCHE**, expert, 23, rue Chauchat, à Paris

EXPOSITIONS

PARTICULIÈRES	PUBLIQUE
Les Mercredi 21 et Jeudi 22 Juillet 1886	Le Vendredi 23 Juillet 1886

DE UNE HEURE A SIX HEURES.

Le présent Catalogue se distribue à

Montmorency...	Chez M⁰ Coursault, notaire.
—	Chez M⁰ Hospied, greffier.
Paris........	Chez M⁰ Escribe, commissaire-priseur, 6, rue de Hanovre.
—	Chez M. A. Bloche, expert, 23, rue Chauchat.
Londres......	Chez M. Édouard Joseph, 158, New Bond Street.
—	Chez M. Georges Donaldson, 106, New Bond Street.
Bruxelles.....	Chez M. Th. Stroobants, 9, boulevard d'Anvers.
Francfort....	Chez M. Lœwenstein, 4, Kaiserstrasse.
—	Chez M. Goldschmidt, Zeil, hôtel de Russie.

CONDITIONS DE LA VENTE

Elle aura lieu expressément au comptant.

Les acquéreurs paieront 10 % en sus du prix d'adjudication, applicables aux frais.

L'exposition mettant le public à même de se rendre compte de l'état et de la nature des objets, aucune réclamation ne sera admise une fois l'adjudication prononcée.

MOYENS DE TRANSPORT

Chemins de fer du Nord et de l'Ouest : Stations d'Enghien ou de Montmorency.

Nota. — Le Château est à dix minutes des deux gares. L'entrée principale est, 38, rue de Paris.

Paris. — Imp. de l'Art, E. Ménard et J. Augry 41, rue de la Victoire

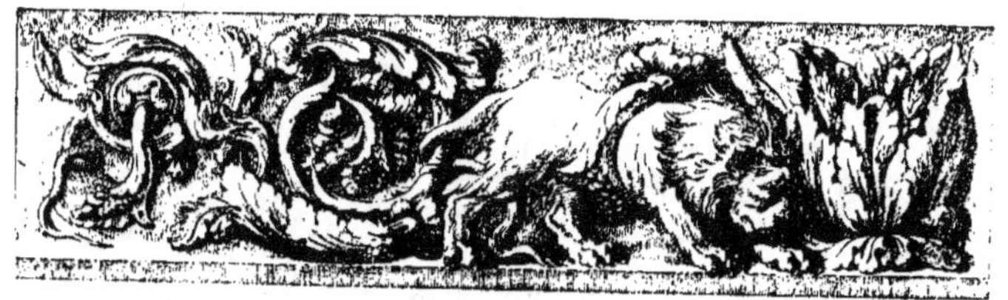

Désignation des Objets

COUR D'HONNEUR

SCULPTURES

1 — MARBRE BLANC. Enfant assis. Statuette.

2 — TERRE CUITE. La Chasse et la Pêche. Deux statuettes allégoriques.

PLANTES

3 — Nombreux orangers et citronniers de différentes grandeurs, en caisse. (Sera divisé.)

4 — Plantes diverses, en caisse. (Seront vendues séparément.)

HALL

MEUBLES

5 — Très beau canapé en velours rouge ciselé, avec
dossier orné de coussins richement brodés d'or, d'argent et de soie, de la Renaissance; à médaillons, portraits de saints et de saintes, entourés d'élégants ornements sur fonds de velours rouge. Sur le devant, sont
appliquées deux bandes brodées dans le même goût.
Le canapé est orné de franges et de galons assortis.

6 — Quatre beaux fauteuils en velours rouge, ornés, aux
dossiers et sur les sièges, de broderies de la Renaissance, en or, argent et soie, représentant des rinceaux
et des dragons ailés, avec armoiries cardinales des
Médicis au centre.

7 — Quatre grands et beaux fauteuils en bois sculpté, couverts d'anciennes tapisseries du temps de Louis XIII,
au point et au petit point, représentant des personnages, des animaux et des fleurs.

8 — Deux tabourets avec pieds à pilastres, en noyer, couverts de tapisserie Louis XIII, au point, dessins à
fleurs et rosaces.

9 — Deux beaux fauteuils à dossiers contournés, en peluche rouge feu, couverts de brocart havane broché à
fleurs, garnis de cordelières et de franges assorties.

10 — Bergère Louis XVI, en bois sculpté, couverte en
tapisserie à fleurs et draperies sur fond blanc.

11 — Fauteuil Louis XIII, couvert en ancienne tapisserie au point, représentant des personnages dans le
goût chinois et des fleurs.

12 — Fauteuil Louis XIII, couvert en ancienne tapisserie
au point, à fleurs et feuillages.

13 — Belle marquise en noyer sculpté, couverte en ancienne tapisserie au point, à grands oiseaux, fleurs et
ornements du temps de Louis XIV.

14 — Deux chaises légères, de style Louis XVI, en bois
d'amarante incrusté de cuivre, et couvertes de soierie
brochée. Style Louis XVI.

15 — Six chaises hollandaises, en marqueterie de bois de
couleur, incrustées de nacre et d'ivoire, dessins à
vases de fleurs et enroulements; couvertes en velours
bleu ciselé.

16 — Fauteuil en bois sculpté, foncé de canne dorée.
Époque Louis XV.

17 — Tabouret de piano en bois sculpté et doré, style
Louis XVI, couvert de tapisserie à fleurs et dragons.

18 — Grand et beau canapé en bois sculpté, offrant, au
dossier, des enroulements feuillagés et un large écus-

son, couvert en velours rouge frappé. Style Renaissance italienne.

19 — Canapé-confident, en palissandre, couvert de velours rouge capitonné.

20 — Grande et belle armoire à deux portes, en marqueterie de bois, dessin à corbeilles de fleurs, guirlandes et oiseaux, ornée d'incrustations de nacre, avec frise, fronton et montants en bois sculpté, représentant des écussons portés par des amours, des arabesques et des festons de rubans. Travail hollandais du temps de Louis XIII.

21 — Très belle table formant bureau à quatre faces, modèle à contours, style Louis XV, en bois rose richement orné de bronze ciselé et doré, dessin à rocailles, guirlandes et écussons.

22 — Beau piano mi-queue en palissandre, incrusté de filets de cuivre, d'Érard.

23 — Console forme contournée, en marqueterie de bois, dessin à vases de fleurs, feuillages et oiseaux. Travail hollandais. Époque Louis XV.

24 — Petit cabinet en marqueterie de bois, garni de tiroirs sur les côtés, avec perspective au centre. Style Louis XIII.

25 — Guéridon-support en bois sculpté et marqueterie. Style Louis XIV.

26 — Deux guéridons en bois sculpté, supportés par des faunes.

27 — Table à tric-trac en acajou, époque Louis XVI : dessus en drap vert.

28 — Pupitre à musique en acajou.

29 — Petit bureau de dame en marqueterie de bois. Travail hollandais. Époque Louis XV.

30 — Guéridon-support à pieds tors. Style Louis XIII.

31 — Petit autel portatif en bois peint et rehaussé d'or, avec panneaux représentant *la Fuite en Égypte* et autres sujets bibliques. Époque Louis XIII.

32 — Très beau meuble-cabinet d'aspect architectural, en bois noir et écaille de l'Inde, orné de bronzes dorés, époque Louis XIII, posant sur socle en velours rouge.

33 — Grand guéridon à jeu, en bois d'acajou, orné de bronzes dorés. Époque Empire.

34 — Table-gigogne en laque noire rehaussée d'or.

35 — Casier à musique en palissandre.

36 — Jardinière en marqueterie de bois. Travail hollandais.

37 — Table-liseuse en bois noir sculpté; dessus en marbre vert.

38 — Coffret Louis XIII en bois sculpté, décoré d'armoiries, avec poignées et serrure en fer.

39 — Grand et bel écran en bois sculpté et doré, garni d'ancien brocart d'or à fleurs et feuillages. Époque Louis XIV.

40 — Petite table orientale incrustée de nacre.

41 — Petite table orientale incrustée de nacre et d'os, avec dessus en cuivre gravé.

42 — Table rectangulaire en marqueterie de bois, pieds tors. Style Louis XIII.

43 — Table à jeu en acajou, ornée de cuivre. Époque Louis XVI.

44 — Deux grosses colonnes torses en bois sculpté, décorées de guirlandes de feuillages rehaussées d'or.

45 — Deux meubles flamands en bois sculpté, formant crédence et s'ouvrant à quatre portes.

46 — Table de style Renaissance, en noyer sculpté, avec piétement à arcades; dessus à rallonges se développant aux deux extrémités.

47 — Socle octogone en chêne sculpté.

48 — Tabouret-support en bois de fer sculpté. Travail chinois.

49 — Grand billard en noyer, de Blanchet.

50 — Douze queues de billard, porte-queues, boules et marquoir.

51 — Deux singes en bois sculpté, enchaînés sur des rochers, formant lampadaires.

52 — Table à thé en laque noire, à rehauts d'or. Style japonais.

53 — Deux escabeaux en chêne sculpté.

SCULPTURES

54 — Marbre blanc. — *Néron*, très beau buste. Signé : Bouchardon.

55 — Marbre blanc. — *L'Hiver*, statuette d'enfant couvert d'une peau de lion.

56 — Marbre blanc. — *L'Amour pêcheur*, statuette.

57 — Marbre blanc. — *L'Innocence*, grande statuette posée sur gaine, en marbre vert et blanc.

BRONZES — ÉMAUX CLOISONNÉS

PORCELAINES MONTÉES

58 — Grand et beau groupe en bronze florentin, fonte à
cire perdue, représentant Hercule et le Lion de
Némée.

59 — Paire de grands et beaux vases en ancienne porcelaine de Chine, fond céladon, décor en relief en bleu
et blanc, représentant des oiseaux et des fleurs; mon-
ture en bronze doré. Modèle rocaille.

60 — Jolie pendule avec socle d'applique en marqueterie
de cuivre, sur fond d'écaille de l'Inde, ornée de
bronzes, couronnée par une figure de Renommée.
Époque Louis XIV.

61 — Jardinière en cuivre repoussé à godrons, sur support en fer forgé.

62 — Jardinière en cuivre gravé et étamé d'Orient, avec
support en fer forgé.

63 — Garniture de foyer composée de deux grands che-
nets avec traverse, pelle et grille en fer forgé. Époque
Renaissance.

64 — Soufflet en cuivre repoussé, avec ornements décou-
pés sur fond de velours rouge.

65 — Jardinière en cuivre repoussé.

66 — Petit plateau en cuivre repercé. Style Louis XIII.

67 — Deux statuettes en bronze : Voltaire et Jean-Jacques Rousseau, sur socles en marbre jaune de Sienne. Époque Empire.

68 — Paire de lampes en porcelaine de Chine, décor bleu, montures en bronze argenté.

69 — Écritoire en marqueterie de cuivre, ornée de bronze. Style Louis XIV.

70 — Deux petites chaises de poupées en bronze.

71 — Jardinière en bronze ancien du Japon, décorée de dragons en bas-relief.

72 — Coupe ronde en cuivre gravé d'Orient, décorée d'inscriptions.

73 — Candélabre à bouillotte à deux branches, en bronze doré. Style Louis XVI.

74 à 77 — Quatre lustres à douze lumières, système à gaz, en cuivre poli. Style flamand. Louis XIII.

78 — Paire de grands vases en émail cloisonné du Japon, décor polychrome.

79 — Fontaine avec bassin en cuivre rouge, décorée de blasons fleurdelisés.

80-81 — Deux lanternes en bronze nickelé et repercé, avec vitraux vert-bouteille. Style Renaissance.

PORCELAINES — FAIENCES

82 — Deux vases en faïence genre Moustiers, décor médaillons à figures et guirlandes de fleurs.

83 — Deux beaux vases en faïence italienne, décor à sujets allégoriques, avec anses à serpents.

84 — Jardinière à pans en porcelaine du Japon, décor bleu.

85 — Cache-pot en porcelaine de Naples, décor à sujets mythologiques.

86 — Deux potiches en faïence de Delft, décor style chinois en bleu.

87 — Deux aiguières en grès.

88 — Deux vases en faïence barbotine, décor à fleurs.

89 — Deux cornets en faïence de Delft, décor bleu.

90 — Deux potiches à pans avec couvercles en porcelaine du Japon, décor polychrome.

91 — Jardinière en cristal de couleur.

TABLEAUX

DUSART

(CORNÉLIUS)

92 — *Le Buveur*.

> Un jeune homme, assis devant une table le verre à la
> main, regarde sa vieille mère qui semble absorbée dans ses
> méditations.
> Œuvre délicate. Signée à droite.
> Cadre doré.

GREUZE

93 — *Portrait de petit garçon*.

> Joli dessin à la sanguine. Signé.
> Cadre doré.

JOLLY

(AUGUSTE)

94 — *Bords de rivière*.

> Peinture sur cuivre.
> Cadre doré.

LARGILLIÈRE

(Attribué à)

15 — *Flore.*

> Portrait allégorique de Marie de Rabutin-Chantal, marquise de Sévigné.
> Grand et beau tableau.
> Cadre doré.

LARGILLIÈRE

(Attribué à)

96 — *Portrait de la duchesse de Longueville en costume de cour.*

> Grand et beau tableau.
> Cadre doré.

RUBENS

(École de)

97 — *La Visitation.*

> Grand tableau.

VAN DER HELST

(École de)

98 — *Le Quatuor.*

> Composition pleine de caractère.

VAN SCHAENDEL

99 — *L'Hiver; effet de lumière.*

Importante composition allégorique.

ÉCOLE FRANÇAISE

(xviii° siècle)

100-101 — Portraits de deux jeunes personnages de la Comédie italienne.

Charmants petits tableaux. (Deux pendants.
Cadres dorés.

ÉCOLE HOLLANDAISE

102 — *La Marchande de poissons.*

Cadre doré.

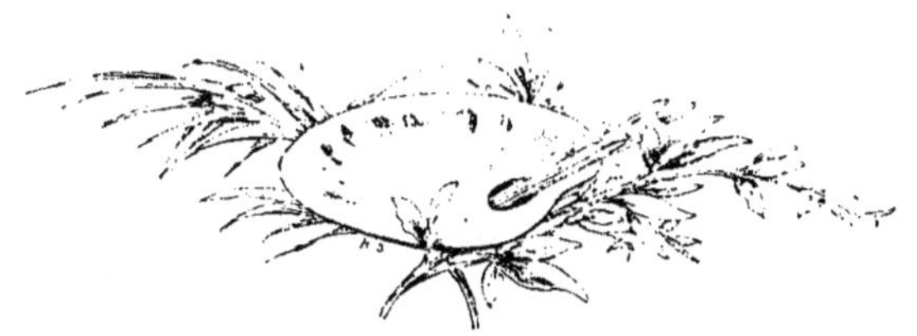

TAPISSERIES, TENTURES, ÉTOFFES, TAPIS

103 — Deux magnifiques tapisseries du xviiᵉ siècle, représentant des scènes allégoriques à la vie d'un roi; compositions de nombreux personnages en riches costumes, groupés dans un palais. Le souverain les reçoit du haut de son trône. Larges bordures d'aspect architectural, offrant en haut des cartouches à médaillons paysages encadrés de sirènes et d'ornements et suspendus à des guirlandes de fruits. Sur les côtés se détachent des vases de fleurs posés sur des consoles adossées à des colonnes ornées de coquilles enguirlandées, et dans le bas se dessinent des mascarons entourés de couronnes de lauriers avec des cygnes aux ailes déployées de chaque côté.

Ces tapisseries sont bordées d'une large passementerie de laine, garnies dans le bas d'une large frange à effilés assortis.

En très bel état de conservation.

Deux autres tapisseries de la même suite décorent la salle des fêtes.

104 — Deux hautes et larges pentes en velours gros bleu richement brodé d'or, d'argent et de soie, représentant des dessins raphaélesques du plus bel effet décoratif de la Renaissance.

105 — Tenture complète des murs en étoffe brochée, fond mauve avec rosaces jaunes.

106 — Joli bandeau de cheminée en velours rouge richement brodé d'or et de soie, avec médaillons aux